Inhalt

Aperitif

THUNFISCH-SCHNECKEN

Vorbereitungszeit 15 Minuten

Kochzeit 30 Minuten

6 Portionen

Blätterteig
× 2 Packungen

Thunfisch in Olivenöl
150 g

Frischkäse mit
Knoblauch & Kräutern
150 g

Gruyère-Käse gerieben
75 g

Schalotte
× 1

- Backofen auf 180 °C vorheizen. Die 2 Blätterteige aufrollen.
- In einer Schüssel abgetropften Thunfisch, Frischkäse und fein gehackte Schalotte vermengen. Mit Salz und Pfeffer würzen. Masse auf die zwei Teigböden verteilen und mit geriebenen Käse bestreuen.
- Fest zusammenrollen und in 2 cm dicke Scheiben schneiden.
- Eine Backform mit 20 cm Durchmesser mit Backpapier auslegen. Teigstücke nebeneinander vertikal in die Form setzen. 30 Minuten backen.

SUPER EINFACH

SÜSSE & PIKANTE

QUICHES

100
REZEPTE

Librero

Aperitif

WEIHNACHTSBAUM MIT LACHS & DILL

Vorbereitungszeit 20 Minuten

Kochzeit 20 Minuten

6 Portionen

Blätterteig
× 2

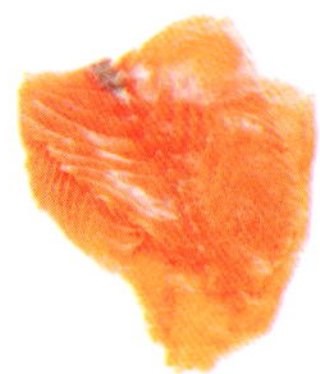

Räucherlachs
× 2 Scheiben

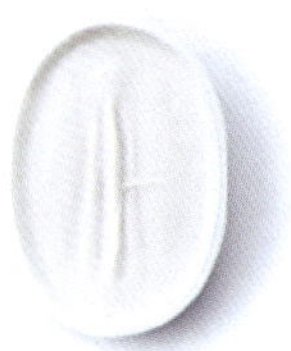

Frischkäse
75 g

Dill
× 4 Zweige

Rote Pfefferkörner
1 TL

Eigelb
× 1

- Backofen auf 180 °C vorheizen. Blätterteig auf Backpapier auflegen.
- Lachs mit Frischkäse, 2 Zweigen gehacktem Dill, 1 Prise Salz und Pfeffer vermengen. Teig mit der Masse bestreichen.
- Mit dem zweiten Teig bedecken und in der Form eines Weihnachtsbaums ausschneiden. Zweige alle 2 cm einschneiden, dabei den Stamm in der Mitte belassen.
- Zweige um sich selbst drehen und mit Eigelb bestreichen. Mit zerstoßenen roten Pfefferkörnern bestreuen und 20 Minuten backen. Mit gehacktem Dill bestreuen und servieren.

Aperitif

TAPENADEN-SONNE

Vorbereitungszeit 15 Minuten

Kochzeit 30 Minuten

8 Portionen

Blätterteig
× 2 Packungen

Tapenade
100 g

Mascarpone
2 EL

Mozzarella, gerieben
75 g

Oregano, getrocknet
1 EL

- Backofen auf 180 °C vorheizen. Blätterteig auf Backpapier auflegen. Tapenade, Mascarpone, Salz und Pfeffer vermengen und auf dem Teigboden verteilen. Mit Oregano und Mozzarella bestreuen und mit dem zweiten Teig bedecken.
- Ein Glas in die Mitte setzen. Davon ausgehend 16 Streifen wie Sonnenstrahlen einschneiden. Jeden Streifen 2 x um sich selbst drehen.
- Glas abheben, Mittelteil in 8 Teile schneiden und jede Spitze zwischen zwei Strahlen umlegen. 30 Minuten backen.

SCHNECKEN MIT ROHSCHINKEN

Blätterteig
× 2 Packungen

Rohschinken
100 g

Emmentaler-Käse, gerieben
150 g

Rucola
40 g

Chilipulver
× 2 Prisen

Olivenöl
2 EL

Vorbereitungszeit 15 Minuten

Kochzeit 30 Minuten

8 Portionen

- Backofen auf 200 °C vorheizen. 2 Blätterteig aufrollen.
- Mit Schinken belegen, mit geriebenem Käse, Rucola und Chilipulver bestreuen. Mit Salz und Pfeffer würzen.
- Fest zusammenrollen und in 2 cm dicke Scheiben schneiden.
- Eine Backform mit 26 cm Durchmesser mit Backpapier auslegen. Teigstücke nebeneinander in die Form setzen. Mit Olivenöl bestreichen und 30 Minuten backen.

PAPRIKASCHOTEN-KARO

Blätterteig, rechteckig
× 2

Paprikaschoten
× 3 (grün, gelb, rot)

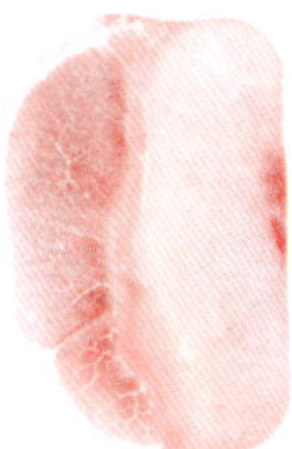

Gekochter Schinken
× 4 Scheiben

Mozzarella
200 g

Olivenöl
4 EL

Vorbereitungszeit 30 Minuten

Kochzeit 30 Minuten

8 Portionen

- Backofen auf 180 °C vorheizen. Paprikaschoten in Streifen schneiden, Mozzarella in Scheiben schneiden.
- Einen Teig mit Schinken und Mozzarella belegen. Mit Salz und Pfeffer würzen.
- Zweiten Teig in 2 cm breite Streifen schneiden und Mozzarella damit bedecken. Jeden zweiten Streifen nach außen umbiegen. Paprikastreifen vertikal auf die nicht umgebogenen Teigstreifen legen. Die umgebogenen Streifen wieder zurücklegen. Vorgang wiederholen, indem die Reihen jeweils abwechselnd umgebogen werden. Mit Olivenöl bestreichen und 30 Minuten backen.

ZUCCHINI-PESTO-SCHNECKEN

Vorbereitungszeit 15 Minuten

Kochzeit 30 Minuten

6 Portionen

Blätterteig
× 2 Packungen

Pesto
4 EL

Zucchini
× 2

Schmelzkäse-Ecken
× 8

- Backofen auf 180 °C vorheizen. Blätterteig auslegen und Zucchini in dünne Scheiben schneiden.
- Pesto und Käse verrühren und auf einem Teigboden verteilen. Mit Zucchinischeiben belegen. Mit Salz und Pfeffer würzen.
- Fest zusammenrollen und in 2 cm dicke Scheiben schneiden.
- Teigstücke nebeneinander in die Form setzen und 30 Minuten backen.

FETA-KRÄUTER-SCHNECKE

Filoteig
× 16 Blätter

Feta
200 g

Griechischer Joghurt
× 1

Butter
200 g

Eier
× 2

Frische Kräuter
× 1 Bund nach Wahl

Vorbereitungszeit 15 Minuten

Kochzeit 30 Minuten

8 Portionen

- Backofen auf 180 °C vorheizen. Butter schmelzen lassen und eine Backform mit 21 cm Durchmesser damit ausstreichen.
- Joghurt, Feta, fein gehackte Kräuter, Salz und Pfeffer verrühren.
- 4 Blätter Filoteig mit Butter bestreichen und übereinander legen, ein Viertel der Garnitur am Rand verteilen und zu einem festen Zylinder rollen. Vorgang wiederholen und dabei eine Schnecke formen. Oberfläche mit Butter bestreichen.
- 30 Minuten backen. Lauwarm servieren.

Aperitif

SALBEI-KÄSE-SONNE

Vorbereitungszeit 15 Minuten

Kochzeit 20 Minuten

6 Portionen

Blätterteig
× 1 Packung

Crème fraîche
1 EL

Parmesan-Käse, gerieben
60 g

Frischer Salbei
× 1 Bund

Thymian
1 TL

Olivenöl
2 EL

- Backofen auf 180 °C vorheizen. Teig auf Backpapier ausrollen. Mit einer dünnen Schicht Crème fraîche bestreichen und mit Thymian und Parmesan bestreuen und mit Salz und Pfeffer würzen.
- Ein Glas in die Mitte setzen. Von dort ausgehend mit einer Messerspitze 16 Teile wie Sonnenstrahlen einschneiden.
- Ein Blatt Salbei auf jeden Streifen legen und zu einem Sandwich zusammenklappen. Restlichen Salbei auf der Sonne verteilen. Mit Olivenöl bestreichen.
- 20 Minuten backen.

Aperitif

KRANZ MIT ZUCCHINI & EI

Vorbereitungszeit 15 Minuten

Kochzeit 40 Minuten

4 Portionen

Mürbeteig
× 1 Packung

Zucchini
200 g

Zwiebel
× 1

Wachteleier
× 8

Sahne
2 EL

Olivenöl
2 EL

- Zucchiniwürfel und gehackte Zwiebel 10 Minuten in Olivenöl anschwitzen. Mit Salz und Pfeffer würzen und mit der Sahne vermengen.
- Backofen auf 180 °C vorheizen. Teig ausrollen, eine Schüssel mit 14 cm Durchmesser in die Mitte setzen. Zucchini rundherum verteilen, dabei 8 Grübchen formen und die Eier darin aufschlagen.
- Teigränder über die Zucchini schlagen. Die Teigmitte in 8 Teile teilen und über die Eier schlagen.
- 30 Minuten backen und heiß servieren.

WURST-TÄSCHCHEN

Vorbereitungszeit 20 Minuten

Kochzeit 40 Minuten

6 Portionen

Mürbeteig
× 2 Packungen

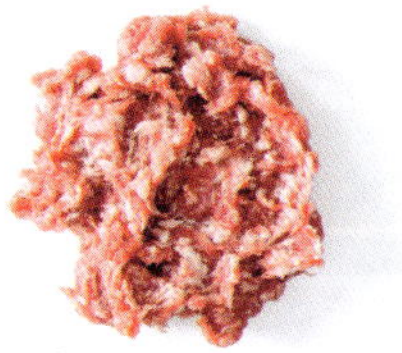

Wurstbrät
300 g

Emmentaler-Käse, gerieben
100 g

Frischer Salbei
× 12 Blätter

Butter
20 g

- Backofen auf 180 °C vorheizen. Teig ausrollen und etwa 30 Scheiben mit 6 cm Durchmesser ausstechen.
- Wurstbrät mit Käse und gehacktem Salbei vermengen. Mischung auf die Hälfte jeder Teigscheibe verteilen. Andere Hälfte darüberschlagen und nochmals in der Mitte falten.
- Teigtaschen in einer mit Backpapier ausgelegten Backform mit 20 cm Durchmesser im Kreis auflegen.
- Oberfläche mit geschmolzener Butter bestreichen. 40 Minuten backen.

KRANZ MIT PÜREE & CAMEMBERT

Mürbeteig
× 1 Packung

Kartoffeln
500 g

Sahne
100 g

Schnittlauch
× 12 Zweige

Camembert-Käse
× ½

Eigelb
× 1

Vorbereitungszeit 15 Minuten

Kochzeit 1 Stunde

4 Portionen

- Backofen auf 180 °C vorheizen. Kartoffeln 30 Minuten in kochendem Wasser garen. Mit der Sahne zerstampfen. Mit Salz und Pfeffer würzen und mit Schnittlauchröllchen bestreuen.

- Teig ausrollen, eine Schüssel mit 14 cm Durchmesser in die Mitte setzen. Püree rundherum verteilen und mit den 8 Stücken Camembert belegen. Teigränder über das Püree schlagen. Teigmitte in 8 Teile teilen und über den Camembert schlagen.

- Mit Ei bestreichen und 30 Minuten backen.

AUBERGINEN-SONNE

Vorbereitungszeit 15 Minuten

Kochzeit 30 Minuten

6 Portionen

Blätterteig
× 2 Packungen

Auberginenkaviar
3 EL

Basilikum
× 12 Blätter

Gruyère-Käse gerieben
75 g

Eigelb
× 1

- Backofen auf 180 °C vorheizen. Einen Blätterteig auf Backpapier ausrollen. Auberginenkaviar darauf verteilen und mit gehacktem Basilikum bestreuen. Mit der zweiten Teigplatte bedecken.
- Ein Glas in die Mitte setzen. Von dort ausgehend mit der Messerspitze 32 Teile wie Sonnenstrahlen einschneiden.
- Eigelb mit Wasser verquirlen und die Teigoberfläche damit bestreichen. Jeden Streifen 4 x um sich selbst drehen.
- 30 Minuten backen.

SARDELLEN-SONNE

Vorbereitungszeit 15 Minuten

Kochzeit 30 Minuten

6 Portionen

Blätterteig
× 2 Packungen

Mascarpone
250 g

Sardellen in Öl
100 g

Eigelb
× 1

- Backofen auf 180 °C vorheizen. Einen Blätterteig auf Backpapier ausrollen. Mascarpone mit abgetropften Sardellenfilets im Mixer vermengen. Mit Pfeffer würzen.

- Masse auf dem Teig verteilen und mit der zweiten Teigplatte bedecken.

- Ein Glas in die Mitte setzen. Von dort ausgehend mit der Messerspitze 16 Teile wie Sonnenstrahlen einschneiden. Eigelb mit Wasser verquirlen und Teigoberfläche damit bestreichen. Jeden Streifen 3 x um sich selbst drehen.

- 30 Minuten backen. Lauwarm servieren.

BLÄTTERTEIG-SCHNECKEN MIT TAPENADE

Vorbereitungszeit 20 Minuten

Kochzeit 40 Minuten

6 - 8 Portionen

Blätterteig
× 2 Packungen

Tapenade
200 g

Tomaten
× 2 mittlere

Olivenöl
2 EL

Basilikum
× 1 Bund

- ○ Backofen auf 200 °C vorheizen. Die zwei Teigplatten ausrollen.
- ○ Mit Tapenade bestreichen und mit entkernten und gehackten Tomaten belegen. Mit gehacktem Basilikum bestreuen.
- ○ Teig fest zusammenrollen und in 2 cm dicke Scheiben schneiden. Backform mit Backpapier auslegen. Gerollten Teig nicht zu eng darauf setzen. Oberfläche mit Öl bestreichen.
- ○ 40 Minuten backen. Mit restlichem Basilikum servieren.

KRANZ MIT GORGONZOLA

Mürbeteig
× 1 Packung

Frischer Spinat
100 g

Mozzarella, gerieben
100 g

Gorgonzola-Käse
100 g

Eigelb
× 1

Vorbereitungszeit 15 Minuten

Kochzeit 20 Minuten

4 Portionen

- Backofen auf 180 °C vorheizen. Spinat 2 Minuten im Dampf garen und abtropfen lassen.
- Teig ausrollen, eine Schüssel mit 14 cm Durchmesser in die Mitte setzen.
- Mozzarella darauf verteilen, Spinat rund um die Schüssel als Kranz auflegen und mit Gorgonzola belegen. Mit Salz und Pfeffer würzen und die Teigränder über den Spinat schlagen. Teigmitte in 8 Teile teilen und über den Käse schlagen.
- Mit Ei bestreichen und 20 Minuten backen.

PISSALADIÈRE

Vorbereitungszeit 30 Minuten

Kochzeit 45 Minuten

6 Portionen

Gelbe Zwiebeln
1 kg

Zucker
1 TL

Pizzateig
× 1

Sardellen, in Salz eingelegt
× 4

Schwarze Oliven
× 12

Olivenöl
6 EL

- Gehackte Zwiebeln bei niedriger Hitze in 2 EL Olivenöl zugedeckt 15 Minuten dünsten lassen. Deckel abheben, mit Salz und Pfeffer würzen, Zucker zugeben und unter Rühren karamellisieren lassen.
- Backofen auf 210 °C vorheizen.
- Teig auf einem mit Backpapier ausgelegten Blech ausrollen, Zwiebeln darauf verteilen und mit den geputzten und abgespülten Sardellenfilets belegen. Mit restlichem Öl beträufeln.
- 20 Minuten backen.

Aperitif

PIZZA MOZZA

Vorbereitungszeit 10 Minuten

Kochzeit 15 Minuten

4 Portionen

Pizzateig
× 1

Tomatensauce mit
Basilikum, 120 g

Mozzarella
× 2 Kugeln

Rucola
2 Handvoll

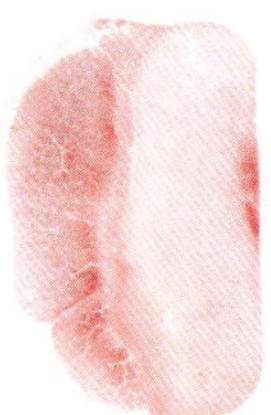

Gekochter Schinken
100 g

Olivenöl
1 EL

- Backofen auf 220 °C vorheizen.
- Teig auf einem mit Backpapier ausgelegten Blech ausrollen, Tomatensauce und eine in Stücke geschnittene Kugel Mozzarella darauf verteilen.
- 15 Minuten backen.
- Mit dem zweiten, geviertelten Mozzarella, dem Schinken, Rucola, Olivenöl, Salz und Pfeffer servieren.

Aperitif

FOCACCIA

Vorbereitungszeit 10 Minuten

Kochzeit 25 Minuten
Ruhezeit 2 h 30 Minuten

8 Portionen

Mehl
500 g

Trockenhefe
× 1 Paket

Olivenöl
150 ml

Rosmarin
4 Zweige, nur die Nadeln

Zucker
1 TL

Grobes Salz
1 TL

- Trockenhefe in 300 ml lauwarmem Wasser auflösen. 50 ml Öl und Zucker zugeben. Auf das Mehl in einer Schüssel gießen und mit 2 Prisen Salz zu einem Teig verrühren.
- Zudecken und 2 Stunden bei Raumtemperatur gehen lassen
- Mit befetteten Händen auf einem mit Backpapier ausgelegten Blech ausziehen und 30 Minuten ruhen lassen.
- Mit dem Finger Gruben in den Teig bohren, mit restlichem Öl beträufeln und mit Rosmarin und grobem Salz bestreuen. 25 Minuten bei 200 °C backen.

SOCCA MIT ZWIEBELN

Kichererbsenmehl
160 g

Frühlingszwiebeln
× 2

Petersilie
× 4 Zweige

Pinienkerne
20 g

Olivenöl
4 EL

Vorbereitungszeit 10 Minuten

Kochzeit 15 Minuten

6 Portionen

- Backofen auf 240 °C vorheizen. Mehl mit 2 EL Olivenöl, 250 ml lauwarmem Wasser, 2 Prisen Salz und gemahlenem Pfeffer vermengen, dabei darauf achten, dass sich keine Klumpen bilden.
- Zwiebeln fein hacken und mit den Pinienkernen 5 Minuten im restliche Öl braten.
- Zwiebeln und gehackte Petersilie in eine mit Backpapier ausgelegte Auflaufform geben. Mischung mit dem Kichererbsenmehl zugeben und gut vermengen. 10 Minuten backen. Heiß oder lauwarm servieren.

SCHINKEN-OLIVEN-KUCHEN

Mehl mit integriertem Backpulver
250 g

Milch
100 ml

Eier
× 4

Grüne Oliven
200 g

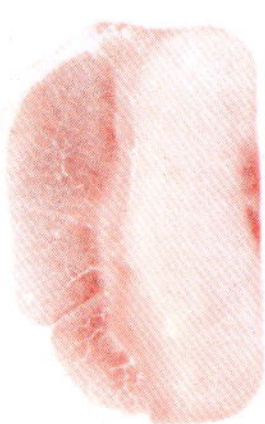

Schinken
200 g

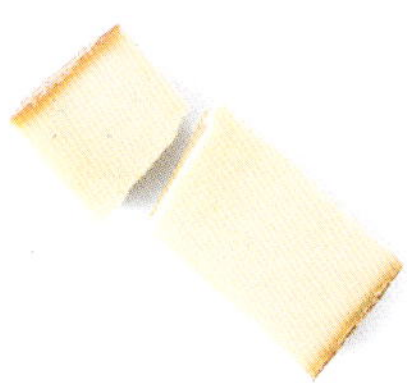

Comté-Käse
150 g

Vorbereitungszeit 10 Minuten

Kochzeit 45 Minuten

6 Portionen

- Backofen auf 180 °C vorheizen. Mehl mit verquirlten Eiern, Salz und Pfeffer vermengen.
- Gehackten Schinken, Oliven und geriebenen Käse zugeben.
- Teig in eine mit Öl ausgestrichene Form geben und 45 Minuten backen.
- Auskühlen lassen, aus der Form stürzen und in Frischhaltefolie wickeln, damit der Kuchen nicht austrocknet.

MIMOLETTE-KUCHEN

Vorbereitungszeit 15 Minuten

Kochzeit 30 Minuten

6 Portionen

Eier
× 3

Mehl
150 g

Backpulver
× 1 Paket

Mimolette-Käse
250 g

Milch
150 ml

- Backofen auf 200 °C vorheizen.
- Die Hälfte des Mimolette reiben und mit Mehl und Backpulver vermengen. Milch, verquirlte Eier, Salz und Pfeffer zugeben und gut vermengen.
- Teig in eine mit Öl ausgestrichene Form geben und mit dem restlichen, in Würfel geschnittenen Mimolette belegen.
- 30 Minuten backen. Auskühlen lassen, aus der Form stürzen und in Frischhaltefolie wickeln, damit der Kuchen nicht austrocknet.

OPINEL
INOX

ZUCCHINI-COMTÉ-TARTE

Blätterteig, rechteckig
× 1

Zucchini
× 3

Comté-Käse gerieben
100 g

Olivenöl
2 EL

Thymian
1 TL

Vorbereitungszeit 15 Minuten

Kochzeit 30 Minuten

6 Portionen

- Backofen auf 180 °C vorheizen. Teig auf einem mit Backpapier ausgelegten Blech ausrollen. Mit dem geriebenen Käse bestreuen und mit Salz und Pfeffer würzen.
- Zucchini mit einer Mandoline oder einem Sparschäler in dünne Scheiben hobeln und auf dem Teig verteilen. Mit Thymian bestreuen und mit Olivenöl beträufeln.
- Backpapier darauflegen, mit einem Blech zudecken und 30 Minuten backen. 10 Minuten vor Ende der Backzeit das Blech entfernen.

PARMASCHINKEN-FEIGEN-TARTE

Vorbereitungszeit 10 Minuten

Kochzeit 20 Minuten

4 Portionen

Mürbeteig
× 1 Packung

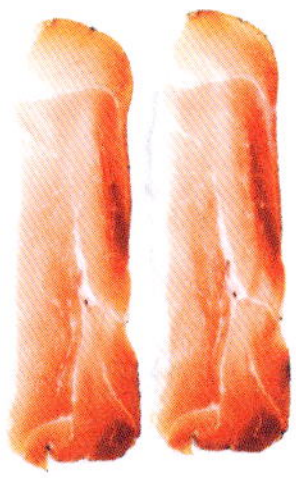

Parma-Schinken
× 4 Scheiben

Mascarpone
250 g

Basilikum
× 20 Blätter

Feigen
× 4

Olivenöl
2 EL

- Backofen auf 180 °C vorheizen. Teig in eine rechteckige Backform legen (34 x 10 cm), Ränder umschlagen, um den Teig der Form anzupassen. Backpapier darauflegen und mit getrockneten Hülsenfrüchten beschweren. 20 Minuten blind backen. Auskühlen lassen und aus der Form nehmen.
- Mascarpone, Olivenöl, 12 gehackte Blätter Basilikum, Salz und Pfeffer vermengen.
- Mischung auf dem Teig verteilen und mit Feigen und Schinkenstücken belegen.
- Mit dem restlichen Basilikum bestreuen und servieren.

ZIEGENKÄSE-AVOCADO-TARTE

Vorbereitungszeit 15 Minuten

Ruhezeit 10 Minuten
Kochzeit 15 Minuten

6 Portionen

Mürbeteig
× 1 Packung

Frischer Ziegenkäse
200 g

Avocado
× 1

Birne
× 1

Zitrone
× 1

Haselnüsse
× 12

- Backofen auf 180 °C vorheizen. Teig in einer rechteckigen, mit Backpapier ausgelegten Backform (34 x 10 cm) aufrollen. 10 Minuten in den Gefrierschrank stellen, danach 15 Minuten backen.

- Käse mit der abgeriebenen Schale und dem Saft von ½ Zitrone vermengen und mit Salz und Pfeffer würzen. Auf dem ausgekühlten Teigboden verteilen.

- Avocado und Birne schälen und in Scheiben schneiden. Mit restlichem Zitronensaft beträufeln und auf der Tarte verteilen.

- Kalt mit gehackten Haselnüssen servieren.

ITALIENISCHE TARTE

Vorbereitungszeit 20 Minuten

Kochzeit 25 Minuten

8 Portionen

Mehl
250 g

Olivenöl
60 ml

Thymian, getrocknet
1 EL

Mozzarella
250 g

Ricotta
250 g

Kirschtomaten
250 g

- Mehl und Olivenöl mit den Fingerspitzen mit 120 ml Wasser, der Hälfte des Thymians und 1 Prise Salz vermengen.
- Teig 5 mm dick ausrollen, eine Scheibe mit 30 cm Durchmesser ausschneiden und auf ein mit Backpapier ausgelegtes Blech legen.
- Mit Ricotta bestreichen, dabei einen Rand von 2 cm frei lassen. In Stücke geschnittenen Mozzarella und Tomaten zugeben. Mit Salz und Pfeffer würzen und mit dem restlichen Thymian bestreuen.
- Teigränder nach innen schlagen. 30 Minuten bei 180 °C backen.

BIRNEN-BLAUSCHIMMELKÄSE-TARTE

Vorbereitungszeit 15 Minuten

Kochzeit 30 Minuten

6 Portionen

Mürbeteig
× 1 Packung

Birnen
× 2

Blauschimmelkäse
150 g

Trauben
100 g

Zwiebel
× 1

- Backofen auf 180 °C vorheizen. Teig in einer mit Backpapier ausgelegten Backform (34 x 10 cm) ausrollen.
- Birnen in Stücke schneiden und entkernte Trauben halbieren. Zwiebel fein hacken.
- Garnitur auf dem Teig verteilen, dabei einen Rand von etwa 2 cm frei lassen. Mit Salz und Pfeffer würzen und mit den Käsewürfeln bestreuen.
- Teigränder nach innen schlagen. 30 Minuten backen.

TOFU-SPINAT-TARTE

Vorbereitungszeit 10 Minuten

Kochzeit 20 Minuten

6 Portionen

Mürbeteig
× 1 Packung

Tofu, geräuchert
100 g

Pinienkerne
50 g

Basilikum
× 1 kleiner Bund

Olivenöl
4 EL

Frischer Spinat
100 g

- Backofen auf 180 °C vorheizen. 1 EL Pinienkerne beiseitestellen.
- Tofu mit der Hälfte des Basilikums, Pinienkernen, 2 EL Olivenöl, Salz und Pfeffer im Mixer pürieren.
- Teig auf einem mit Backpapier ausgelegtem Blech ausrollen, Tofumischung darauf verteilen und diese mit Spinat belegen.
- Mit Olivenöl beträufeln, mit Pinienkernen bestreuen und 20 Minuten backen. Mit restlichem Basilikum servieren.

TARTE TATIN MIT TOMATEN

Blätterteig
× 1 Packung

Kirschtomaten
500 g

Parmesan-Käse gerieben
50 g

Balsamico-Essig
4 EL

Olivenöl
4 EL

Thymian
1 TL

Vorbereitungszeit 20 Minuten

Kochzeit 30 Minuten

6 Portionen

- Backofen auf 180 °C vorheizen. Öl in einer Pfanne bei mittlerer Hitze erwärmen, Tomaten 10 Minuten unter Rühren darin braten. Thymian, Salz, Pfeffer und Balsamico zugeben und 5 Minuten einreduzieren lassen.

- Tomaten in eine mit Backpapier ausgelegte Backform mit 20 cm Durchmesser geben. Mit Parmesan bestreuen und mit dem Teig bedecken, dabei die Teigränder am Rand der Form fest nach unten drücken.

- 30 Minuten backen. Noch heiß aus der Form stürzen. Heiß oder lauwarm servieren.

TARTE TATIN MIT SCHALOTTEN

Vorbereitungszeit 15 Minuten

Kochzeit 40 Minuten

6 Portionen

Blätterteig
× 1 Packung

Schalotten
700 g

Zucker
60 g

Olivenöl
2 EL

- Halbierte Schalotten 3 Minuten in Öl anbraten, danach mit Wasser bedecken. So lange kochen, bis das ganze Wasser verdampft ist.
- Zucker bei niedriger Hitze karamellisieren lassen.
- Backofen auf 180 °C vorheizen. Karamell in eine mit Backpapier ausgelegte Backform mit 26 cm Durchmesser gießen. Schalotten darauf verteilen und mit Salz und Pfeffer würzen. Mit dem Teig bedecken, dabei die Teigränder am Rand der Form fest nach unten drücken.
- 25 Minuten backen. Noch heiß aus der Form stürzen. Heiß oder lauwarm servieren.

AUBERGINEN-TARTE

Blätterteig
× 1 Packung

Auberginen
× 2

Parmesan-Käse, gerieben
100 g

Tomatenmark
70 g

Oregano, getrocknet
1 EL

Olivenöl
4 EL

Vorbereitungszeit 15 Minuten

Kochzeit 30 Minuten

6 Portionen

- Backofen auf 180 °C vorheizen. Auberginen in 1 cm dicke Scheiben schneiden, mit Olivenöl bestreichen und auf einem Blech 15 Minuten backen.
- Teig ausrollen, mit Tomatenmark bestreichen und der Hälfte des Parmesan und Oregano bestreuen.
- Auberginen auf dem Teig verteilen, einen Rand von 2 cm frei lassen. Mit restlichem Parmesan und Oregano bestreue. Mit Salz und Pfeffer würzen und mit Olivenöl beträufeln.
- Teigränder nach innen schlagen. 30 Minuten backen.

Mittagessen

TOMATEN-THUNFISCH-TARTE

Vorbereitungszeit 15 Minuten

Ruhezeit 10 Minuten
Kochzeit 45 Minuten

6 Portionen

Mürbeteig
× 1 Packung

Ganze, geschälte Tomaten,
aus der Dose,
800 g

Thunfisch in Olivenöl,
aus der Dose
160 g

Senf
2 EL

Sahne
200 g

Eier
× 2

- Backofen auf 180 °C vorheizen. Teig in einer mit Backpapier ausgelegten Backform mit 20 cm Durchmesser ausrollen. 10 Minuten in den Gefrierschrank stellen. Backpapier darauflegen und mit getrockneten Hülsenfrüchten beschweren. 15 Minuten blind backen.
- Tomaten abtropfen lassen, halbieren und entkernen. Senf auf dem Teig verstreichen, Tomaten und zerpflückten Thunfisch zugeben.
- Eier mit Sahne, Salz und Pfeffer verquirlen und über den Teig gießen. 30 Minuten backen.

TARTE TATIN MIT CHICORÉE

Vorbereitungszeit 20 Minuten

Kochzeit 45 Minuten

6 Portionen

Blätterteig
× 1 Packung

Chicorée
× 5

Butter
10 g

Honig nach Wahl
1 EL

Orange
× 1

Comté-Käse, gerieben
50 g

- Chicorée halbieren. Butter in einer Pfanne schmelzen lassen, Chicorée mit der Schnittfläche nach unten einlegen und 10 Minuten garen.
- Mit Salz und Pfeffer würzen, Orangensaft zugießen und kochen lassen, bis die Flüssigkeit verdampft ist.
- Backofen auf 180 °C vorheizen. Eine Backform mit 20 cm Durchmesser mit Backpapier auslegen. Chicorée in die Form geben, mit Orangenabrieb und Comté-Käse bestreuen. Mit Honig beträufeln und mit Teig bedecken, dabei die Teigränder an den Seiten fest nach unten drücken.
- 30 Minuten backen. Noch heiß aus der Form stürzen.

QUINOA-TAPENADE-KUCHEN

Vorbereitungszeit 15 Minuten

Kochzeit 1 h 10
Ruhezeit 1 Stunde

8 Portionen

Quinoa
150 g

Tapenade
200 g

Parmesan-Käse
100 g

Eier
× 4

Milch
200 ml

Mehl
300 g

- Backofen auf 200 °C vorheizen. Quinoa 10 Minuten in kochendem Salzwasser garen.
- Milch, Ei, Tapenade, Parmesan und Pfeffer vermengen. Quinoa und Mehl einarbeiten.
- Mischung in eine mit Backpapier ausgelegte Kastenform füllen und 1 Stunde backen.
- Auskühlen lassen und erst dann aus der Form stürzen.

ZUCCHINI-PESTO-KUCHEN

Vorbereitungszeit 20 Minuten

Kochzeit 40 Minuten

6 Portionen

Eier
× 3

Mehl
200 g

Backpulver
× 1 Paket

Zucchini
300 g

Pesto
60 g

- Backofen auf 200 °C vorheizen. Zucchini mit einer Käsereibe reiben.
- Mehl und Backpulver vermengen, verquirlte Eier, Zucchini, Pesto, Salz und Pfeffer zugeben.
- Mischung in eine mit Backpapier ausgelegte Kastenform füllen.
- 40 Minuten backen. Auskühlen lassen und lauwarm in Frischhaltefolie wickeln, damit der Kuchen nicht austrocknet.

TOMATEN-PARMESAN-KUCHEN

Vorbereitungszeit 10 Minuten

Kochzeit 40 Minuten

6 Portionen

Mehl
200 g

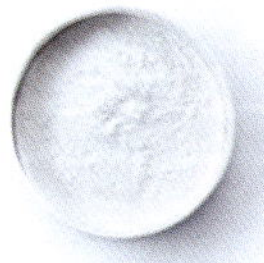

Backpulver
× 1 Paket

Parmesan-Käse
100 g

Milch
150 ml

Eier
× 3

Tomaten, getrocknet
in Öl eingelegt, 200 g

- Backofen auf 180 °C vorheizen.
- Mehl, Backpulver, Salz, Pfeffer und geriebenen Parmesan vermengen. Eier und Milch einarbeiten. Tomaten und das Öl der Marinade zugeben und verrühren.
- Mischung in eine mit Backpapier ausgelegte Kastenform füllen. 40 Minuten backen.
- Auskühlen lassen und lauwarm in Frischhaltefolie wickeln, damit der Kuchen nicht austrocknet.

KÜRBIS-KUCHEN

Vorbereitungszeit 10 Minuten

Kochzeit 1 h 30

6 Portionen

Hokkaidokürbis
200 g

Mehl
200 g

Olivenöl
50 ml

Muskatnuss
2 Prisen

Backpulver
× 1 Paket

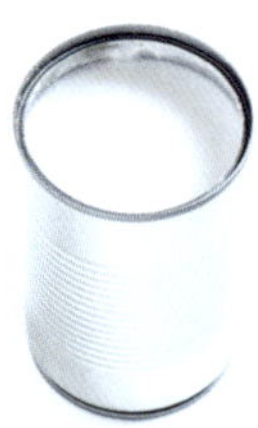

Kokosmilch
250 ml

- Hokkaidokürbis halbieren, entkernen und mit der Schale reiben.
- Backofen auf 180 °C vorheizen. Mehl und Backpulver vermengen. Kokosmilch, geriebenen Kürbis, Muskatnuss, Olivenöl, 2 Prisen Salz und gemahlenen Pfeffer zugeben und verrühren.
- Masse in eine mit Butter ausgestrichene und bemehlte Backform gießen.
- 1 h 30 backen, danach in Frischhaltefolie wickeln und vor dem Stürzen auskühlen lassen.

SELLERIE-HASELNUSS-KUCHEN

Vorbereitungszeit 10 Minuten

Kochzeit 45 Minuten

6 Portionen

Knollensellerie
250 g

Geriebene Haselnüsse
100 g

Olivenöl
4 EL

Sojasauce
150 ml

Backpulver
× 1 Paket

Mehl
250 g

- Knollensellerie schälen und reiben.
- Backofen auf 180 °C vorheizen. Mehl und Backpulver vermengen. Geriebene Haselnüsse, Sojasauce, geriebene Knollensellerie, Olivenöl, 2 Prisen Salz und gemahlenen Pfeffer zugeben und verrühren.
- Masse in eine mit Butter ausgestrichene und bemehlte Backform gießen.
- 45 Minuten backen, danach in Frischhaltefolie wickeln und vor dem Stürzen auskühlen lassen.

MANDELCREME-KUCHEN

Vorbereitungszeit 10 Minuten

Kochzeit 1 Stunde

6 Portionen

Mehl
250 g

Backpulver
× 1 Paket

Sesamkörner
50 g

Mandelcreme
400 g

Sonnenblumenkerne
100 g

Olivenöl
4 EL

- ○ Backofen auf 200 °C vorheizen. Sonnenblumenkerne im Mixer zerkleinern.
- ○ Mehl mit Backpulver, Sesamkörnern, 2 Prisen Salz und Pfeffer vermengen. Mandelcreme und Olivenöl unterrühren.
- ○ Masse in eine mit Butter ausgestrichene und bemehlte Backform gießen.
- ○ 1 Stunde backen, danach in Frischhaltefolie wickeln und vor dem Stürzen auskühlen lassen..

ROSENTARTE MIT KAROTTEN & PASTINAKEN

Mürbeteig
× 1 Packung

Karotten
× 2

Pastinaken
× 2

Eier
× 2

Sahne
250 g

Knoblauch
× 1 Zehe

Vorbereitungszeit 20 Minuten

Kochzeit 40 Minuten

6 Portionen

- Backofen auf 180 °C vorheizen. Gemüse schälen und mit einem Sparschäler in Streifen schneiden.
- Teig in einer mit Backpapier ausgelegten Backform mit 26 cm Durchmesser ausrollen. Gemüse spiralenförmig nicht zu dicht darauf verteilen. Überhängenden Teigrand einschneiden und jeden Teil um sich selbst drehen.
- Eier, Sahne, Salz, Pfeffer und die zerdrückte Knoblauchzehe vermengen und über das Gemüse gießen.
- 40 Minuten backen. Heiß servieren.

QUICHE MIT BRIE & NÜSSEN

Vorbereitungszeit 15 Minuten

Ruhezeit 10 Minuten
Kochzeit 45 Minuten

6 Portionen

Mürbeteig
× 1 Packung

Brie-Käse
200 g

Nüsse
50 g

Feigen, getrocknet
× 6

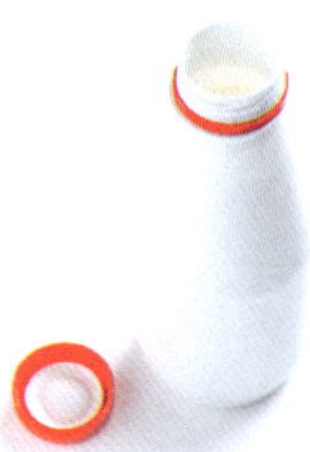

Sahne
200 g

Eier
× 2

- Backofen auf 180 °C vorheizen. Teig in einer mit Backpapier ausgelegten Backform mit 20 cm Durchmesser ausrollen. 10 Minuten in den Gefrierschrank stellen. Backpapier darauflegen und mit getrockneten Hülsenfrüchten beschweren. 15 Minuten blind backen.
- Eier, Sahne, Salz und Pfeffer vermengen und über das Gemüse gießen. Mit gehackten Nüssen, und in Stücke geschnittenem Brie und gehackten Feigen belegen.
- 30 Minuten backen. Lauwarm servieren.

WEISSWURST-TARTE

Blätterteig, rechteckig
× 1

Weißwurst
250 g

Schalotten
250 g

Olivenöl
4 EL

Balsamico-Essig
1 EL

Gemischte, junge
Salatblätter
100 g

Vorbereitungszeit 10 Minuten

Kochzeit 25 Minuten

4 Portionen

- Backofen auf 180 °C vorheizen. Teig auf einem mit Backpapier ausgelegtem Blech ausrollen. Gehackte Schalotten darauf verteilen, dabei einen Rand von 2 cm frei lassen. Mit Salz und Pfeffer würzen, mit Wurstscheiben belegen und mit 2 EL Öl beträufeln.
- Teigränder nach innen schlagen und mit einer Gabel fest drücken. 25 Minuten backen.
- Salat mit dem restlichen Öl und Essig vermengen Mit Salz und Pfeffer würzen und mit der lauwarmen Tarte servieren.

QUICHE MIT MAKRELEN & ZWIEBELN

Vorbereitungszeit 10 Minuten

Kochzeit 25 Minuten

6 Portionen

Mürbeteig
× 1 Packung

Rote Zwiebel
× 1

Milde Zwiebel
× 1

Sahne
100 g

Koriandersamen
1 TL

Geräucherte Makrele, vakuumgegart
100 g

- Backofen auf 180 °C vorheizen. Zwiebeln fein hacken. Makrele von der Haut befreien und zerpflücken.
- Teig auf einem mit Backpapier ausgelegtem Blech ausrollen. Zwiebeln und Makrele darauf verteilen. Mit Salz und Pfeffer würzen, mit Sahne übergießen und mit zerstoßenen Koriandersamen bestreuen.
- Überhängenden Teig auf einen 1 cm breiten Rand zusammenrollen.
- 25 Minuten backen. Heiß oder lauwarm servieren.

QUICHE MIT REBLOCHON

Mürbeteig
× 2 Packungen

Kartoffeln
500 g

Reblochon-Käse
250 g

Weiße Champignons
250 g

Zwiebeln
× 2

Vorbereitungszeit 15 Minuten

Ruhezeit 10 Minuten
Kochzeit 50 Minuten

6 Portionen

- Kartoffeln schälen, in Scheiben schneiden und 20 Minuten in kochendem Salzwasser garen.
- Teig auf einem Blech ausrollen. Kartoffeln darauf verteilen, mit Champignons, gehackten Zwiebeln und mit in Stücke geschnittenem Reblochon belegen und mit Salz und Pfeffer würzen.
- Zweiten Teig ausrollen, 6 Löcher mit einem Keksausstecher ausstanzen und Teigplatte auf die Tarte legen. Ränder dabei gut versiegeln und in Zacken ausschneiden.
- 30 Minuten bei 180 °C backen. Heiß servieren.

QUICHE MIT KÜRBIS & BLAUSCHIMMELKÄSE

Mürbeteig
× 1 Packung

Kürbis
1 kg

Blauschimmelkäse
75 g

Haselnüsse
30 g

Sahne
200 g

Eier
× 2

Vorbereitungszeit 10 Minuten

Ruhezeit 10 Minuten
Kochzeit 50 Minuten

6 Portionen

- Backofen auf 180 °C vorheizen. Teig in einer Springform mit 22 cm Durchmesser ausrollen. 10 Minuten in den Gefrierschrank stellen. Eier, Sahne, Salz und Pfeffer verquirlen und mit den Speckwürfeln über den Teig gießen

- Kürbis schälen und würfeln. In kochendem Salzwasser 20 Minuten garen. Abtropfen lassen.

- Kürbis, in Würfel geschnittenen Blauschimmelkäse und gehackte Haselnüsse auf dem Teig verteilen.

- Eier, Sahne, Salz und Pfeffer verquirlen und über den Teig gießen. 30 Minuten backen.

QUICHE LORRAINE

Vorbereitungszeit 10 Minuten

Ruhezeit 10 Minuten
Kochzeit 1 h 10

8 Portionen

Mürbeteig
× 1 Packung

Sahne
600 g

Eier
× 6

Speckwürfel
200 g

- Backofen auf 180 °C vorheizen. Teig in einer mit Backpapier ausgelegten Backform ausrollen. 10 Minuten in den Gefrierschrank stellen. Backpapier darauflegen, mit getrockneten Hülsenfrüchten beschweren und 15 Minuten blind backen.

- Speckwürfel in einer Pfanne bei hoher Hitze braten. Fett abgießen.

- Eier, Sahne, Salz und Pfeffer verquirlen und mit den Speckwürfeln über den Teig gießen. Mit Backpapier bedecken und 1 Stunde backen. 15 Minuten vor Ende der Backzeit Backpapier entfernen.

QUICHE MIT ZUCCHINI & ZIEGENKÄSE

Mürbeteig
× 1 Packung

Eier
× 2

Sahne
300 g

Frischer Ziegenkäse
100 g

Zucchini
× 2

Olivenöl
2 EL

Vorbereitungszeit 10 Minuten

Kochzeit 40 Minuten

6 Portionen

- Zucchini in Streifen schneiden. Öl in einer Pfanne erhitzen und die Zucchinistreifen darin 10 Minuten braten.
- Backofen auf 180 °C vorheizen. Teig in einer Backform ausrollen und den Boden mehrmals einstechen. 10 Minuten backen.
- Eier, Sahne, Salz und Pfeffer verquirlen und über den Teig gießen, Zucchini und zerkrümelten Käse zugeben und 30 Minuten backen.

GRÜNE PIZZA

Vorbereitungszeit 10 Minuten

Kochzeit 20 Minuten

6 Portionen

Pizzateig
× 1

Tofu, geräuchert
100 g

Junger Spinat
30 g

Pinienkerne
50 g

Olivenöl
10 EL

Basilikum
× 1 Bund

- Backofen auf 180 °C vorheizen. Spinat und Basilikum waschen. Je 10 Blätter beiseitestellen.
- Tofu mit Spinat, Basilikum, Pinienkernen, 8 EL Olivenöl, 3 EL Wasser, 2 Prisen Salz und gemahlenem Pfeffer im Mixer pürieren.
- Pizzateig auf einem mit Backpapier ausgelegten Blech ausrollen. Garnitur darauf verteilen und 20 Minuten backen.
- Mit den restlichen Spinatblättern und Basilikum garnieren, mit Olivenöl beträufeln und servieren.

SPARGEL-TARTE

Blätterteig, rechteckig
× 1

Grüne Spargel
750 g

Senf
1 EL

Olivenöl
2 EL

Ei
× 1

Vorbereitungszeit 10 Minuten

Kochzeit 20 Minuten

6 Portionen

- Backofen auf 180 °C vorheizen. Teig auf einem mit Backpapier ausgelegten Blech ausrollen.
- Spargel der Länge nach halbieren, oder vierteln, wenn die Stangen dick sind. Auf dem Teig verteilen, dabei einen Rand von 2 cm frei lassen. Senf, Ei und Olivenöl vermengen und Spargel damit bestreichen.
- Teigränder nach innen schlagen und mit einer Gabel festdrücken.
- Mit Salz und Pfeffer würzen und 20 Minuten backen. Heiß servieren.

OPINEL
INOX

QUICHE MIT CURRY & LAUCH

Vorbereitungszeit 10 Minuten

Ruhezeit 10 Minuten
Kochzeit 55 Minuten

6 Portionen

Mürbeteig
× 1 Packung

Lauch
500 g

Currypulver
1 EL

Sahne
200 g

Eier
× 2

Öl
2 EL

- Lauch in 2 cm lange Stücke schneiden und 10 Minuten in Öl anschwitzen.
- Backofen auf 180 °C vorheizen. Teig in einer Backform mit 20 cm Durchmesser ausrollen. 10 Minuten in den Gefrierschrank stellen. Backpapier darauflegen und mit getrockneten Hülsenfrüchten beschweren. 15 Minuten blind backen.
- Lauch auf dem Teig verteilen. Eier mit Sahne, Currypulver, Salz und Pfeffer verquirlen und über die Tarte gießen.
- 30 Minuten backen. Heiß oder lauwarm servieren.

LACHS-SÜSSKARTOFFEL-TARTE

Mürbeteig
× 1 Packung

Süßkartoffeln
500 g

Lachsfilet, Mittelstück
300 g

Dill
1 Bund

Rote Zwiebel
× 1

Crème fraîche
250 g

Vorbereitungszeit 10 Minuten

Kochzeit 45 Minuten

6 Portionen

- Süßkartoffeln würfeln und 15 Minuten in kochendem Salzwasser garen. Abgießen und abtropfen lassen.
- Backofen auf 180 °C vorheizen. Teig auf einem Blech ausrollen. Mit Süßkartoffeln, Lachswürfeln und der Hälfte vom gehackten Dill belegen, dabei einen Rand von etwa 2 cm frei lassen. Mit Salz und Pfeffer würzen. Crème fraîche darauf verteilen und mit gehackter Zwiebel bestreuen.
- Teigränder nach innen schlagen und 30 Minuten backen.
- Mit restlichem Dill heiß servieren.

QUICHE MIT CURRY &THUNFISCH

Vorbereitungszeit 10 Minuten

Kochzeit 55 Minuten

6 Portionen

Mürbeteig
× 1 Packung

Thunfisch, natur
200 g

Kokosmilch
400 ml

Eier
× 4

Koriander
× 12 Zweige

Currypulver
1 TL

- Backofen auf 180 °C vorheizen. Teig in einer mit Backpapier ausgelegten Springform mit 22 cm Durchmesser ausrollen. Backpapier darauflegen und mit getrockneten Hülsenfrüchten beschweren. 15 Minuten blind backen.
- Abgetropften Thunfisch mit Eiern, Kokosmilch, Currypulver und der Hälfte der gehackten Korianderblätter vermengen und mit Salz und Pfeffer würzen.
- Über den Teig gießen. 40 Minuten backen. Mit restlichem Koriander bestreuen. Heiß oder lauwarm servieren.

ZIEGENKÄSE-ZWIEBEL-TARTE

Mürbeteig
× 1 Packung

Frischer Ziegenkäse
300 g

Rote Zwiebel
× 1

Rohschinken
50 g

Ei
× 1

Schnittlauch
× 1 Bund

Vorbereitungszeit 10 Minuten

Kochzeit 30 Minuten

6 Portionen

- Backofen auf 180 °C vorheizen. Teig in einer mit Backpapier ausgelegten Backform mit 20 cm Durchmesser ausrollen.
- Frischen Ziegenkäse mit Ei, Schnittlauchröllchen, Salz und Pfeffer vermengen. Auf dem Teig verteilen, dabei einen Rand von 2 cm frei lassen.
- Mit Zwiebelringen und Schinkenstücken belegen, diese dabei etwas in den Teig drücken.
- Teigränder nach innen schlagen. 30 Minuten backen.

TOURTE DE TAILLONS – KARTOFFELPASTETE

Vorbereitungszeit 10 Minuten

Kochzeit 45 Minuten

6 Portionen

Mürbeteig
× 2 Packungen

Kartoffeln
750 g

Milde Zwiebeln
× 3

Bauchspeck, in Scheiben
100 g

Crème fraîche
4 EL

Öl
1 EL

- Kartoffeln schälen, in 5 mm dicke Scheiben schneiden und in kochendem Salzwasser 10 Minuten garen. Gehackte Zwiebeln 5 Minuten in Öl anschwitzen.
- Teig auf einem Blech ausrollen. Kartoffeln und Zwiebeln in die Mitte geben, mit Salz und Pfeffer würzen und mit Bauchspeck und Crème fraîche belegen.
- Den zweiten Teig in Streifen schneiden und im Webmuster darüberlegen, dabei die Ränder fest zusammendrücken.
- 30 Minuten backen.

PASTETE MIT ZIEGENFRISCHKÄSE

Vorbereitungszeit 10 Minuten

Kochzeit 40 Minuten

6 Portionen

Mürbeteig
× 1 Packung

Ziegenfrischkäse
500 g

Minze
20 Blätter

Zwiebeln
× 2

Eier
× 4

Olivenöl
2 EL

- ○ Zwiebeln fein hacken und 10 Minuten in Öl anschwitzen.
- ○ Backofen auf 180 °C vorheizen. Teig ausrollen und rundherum ein Band von 4 cm abschneiden und daraus Blätter ausschneiden. Restlichen Teig in eine Backform mit 16 cm Durchmesser geben.
- ○ Eier, Käse, gehackte Minze, Zwiebeln und Salz und Pfeffer vermengen und über den Teig gießen. Blätter am Rand auflegen und mit dem Teigrand fest zusammendrücken.
- ○ 30 Minuten backen. Heiß oder lauwarm servieren.

PASTETE MIT KÜRBIS & CHEDDAR

Mürbeteig
× 2 Packungen

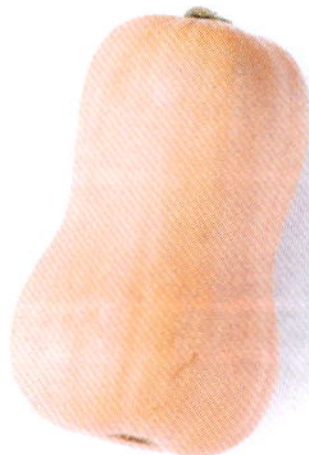

Butternuss-Kürbis
750 g

Ahornsirup
2 EL

Pekan-Nüsse
50 g

Cheddar-Käse
180 g

Zwiebel
× 1

Vorbereitungszeit 15 Minuten

Kochzeit 1 h 15

8 Portionen

- Butternusskürbis 30 Minuten in kochendem Salzwasser garen. Abtropfen lassen und mit gehackten Zwiebel, Ahornsirup, gehackten Pekan-Nüssen und geriebenen Cheddar vermengen. Mit Salz und Pfeffer würzen.
- Backofen auf 180 °C vorheizen. Teig in einer Backform mit 20 cm Durchmesser ausrollen und mit der Fülle bedecken.
- Formen aus dem zweiten Teig ausstechen und auf die Tarte legen. Gut untereinander fest drücken.
- 45 Minuten backen. Heiß servieren.

QUICHE MIT BLUMENKOHL & GOUDA

Mürbeteig
× 1 Packung

Blumenkohlröschen
500 g

Crème fraîche
200 g

Gouda mit Kreuzkümmel
150 g

Bio-Orange
× 1

Vorbereitungszeit 15 Minuten

Kochzeit 45 Minuten

6 Portionen

- Blumenkohlröschen 15 Minuten in kochendem Salzwasser garen. Abtropfen lassen. Crème fraîche mit abgeriebener Orangenschale und der Hälfte des geriebenen Gouda vermengen und mit Salz und Pfeffer würzen.
- Backofen auf 180 °C vorheizen. Teig in einer Backform mit 20 cm Durchmesser ausrollen und die Blumenkohlmischung darauf verteilen.
- Mit dünnen Scheiben Gouda belegen.
- 30 Minuten backen. Heiß servieren.

QUICHE MIT HÄHNCHEN & ARTISCHOCKEN

Vorbereitungszeit 15 Minuten

Kochzeit 50 Minuten

6 Portionen

Mürbeteig
× 1 Packung

Hähnchenfilet
× 2

Artischockenböden, tiefgefroren
300 g

Sahne
100 g

Parmesan-Käse, gerieben
50 g

Knoblauch
× 1 Zehe

- Artischockenböden 15 Minuten in kochendem Salzwasser garen. Abtropfen lassen und in Scheiben schneiden. Hähnchenfilet in einer Pfanne auf jeder Seite 3 Minuten anbraten und danach in Scheiben schneiden.
- Backofen auf 180 °C vorheizen. Sahne mit dem zerdrückten Knoblauch, Parmesan und Salz und Pfeffer vermengen.
- Teig in einer Backform mit 26 cm Durchmesser ausrollen. Hähnchen und Artischockenscheiben abwechselnd darauf verteilen. Mit der Sahnemischung übergießen.
- 30 Minuten backen. Heiß servieren.

QUICHE MIT RICOTTA & ERBSEN

Mürbeteig
× 1 Packung

Erbsen, tiefgefroren
250 g

Ricotta
250 g

Basilikum
× 1 Bund

Speckwürfel
100 g

Ei
× 1

Vorbereitungszeit 10 Minuten

Kochzeit 40 Minuten

6 Portionen

- Backofen auf 180 °C vorheizen. Speckwürfel 5 Minuten in einer sehr heißen Pfanne anbraten. Fett abgießen.
- Erbsen, Ricotta, Ei, gehacktes Basilikum, Speckwürfel, Salz und Pfeffer vermengen.
- Teig in einer mit Backpapier ausgelegten Backform mit 20 cm Durchmesser ausrollen. Fülle eingießen und verteilen.
- 35 Minuten backen.

SONNE MIT PÜREE & HACKFLEISCH

Vorbereitungszeit 15 Minuten

1 h Kochzeit 25 Minuten

6 Portionen

Blätterteig
× 2 Packungen

Rinderhackfleisch
500 g

Kartoffeln
500 g

Milch
100 ml

Zwiebeln
× 2

Olivenöl
2 EL

- Kartoffeln 30 Minuten in kochendem Salzwasser garen. Mit der Milch zu Püree zerstampfen und mit Salz und Pfeffer würzen. Hackfleisch und gehackten Zwiebeln 10 Minuten in Olivenöl braten und mit Salz und Pfeffer würzen.
- Teig auf einem Blech ausrollen. Erst mit Püree, dann mit Fleisch bedecken, dabei einen Rand von 3 cm frei lassen.
- Zweite Teigplatte auflegen und Ränder versiegeln. Ein Glas in die Mitte setzen und Teig in 12 Teile schneiden. Diese um sich selbst drehen und mit der Schnittfläche nach unten wieder auflegen.
- 45 Minuten backen. Heiß servieren.

QUICHE MIT CHICORÉE & BLAUSCHIMMELKÄSE

Vorbereitungszeit 30 Minuten

Kochzeit 40 Minuten

6 Portionen

Mürbeteig
× 1 Packung

Chicorée
× 3

Brauner Zucker
2 EL

Blauschimmelkäse
100 g

Sahne
300 g

Eier
× 2

- Backofen auf 200 °C vorheizen. Teig in einer mit Backpapier ausgelegten Backform ausrollen, Boden mehrmals einstechen und 10 Minuten blind backen.
- Chicorée vierteln und harten Strunk entfernen. In einer Pfanne mit 4 EL Wasser und braunem Zucker 20 Minuten dünsten.
- Eier, Sahne und gewürfelten Blauschimmelkäse vermengen und mit Salz und Pfeffer würzen.
- Masse auf dem Teig verteilen, Chicorée auflegen und 30 Minuten backen.

PASTETE MIT ZIEGENKÄSE & MANGOLD

Mangold
× 1 Bund

Olivenöl
2 EL

Mürbeteig
× 2 Packungen

Muskatnuss, gerieben
1 Prise

Ziegenfrischkäse
250 g

Eier
× 3

Vorbereitungszeit 20 Minuten

Kochzeit 40 Minuten

6 Portionen

- Mangoldblätter hacken und 10 Minuten in einer sehr heißen Pfanne mit Olivenöl garen.
- Mit 2 Eiern, Käse und Muskatnuss vermengen und mit Salz und Pfeffer würzen.
- Einen Teig auf einem Blech ausrollen, Mangoldmischung darauf verteilen und mit dem zweiten Teig bedecken, dabei die Ränder fest zusammendrücken.
- Mit der Schere Löcher in die Oberfläche schneiden und danach mit Eigelb bestreichen. 30 Minuten bei 200 °C backen.

ROSENTARTE MIT GEMÜSE

Blätterteig
× 1 Packung

Karotten
× 3

Zucchini
× 1

Rohschinken
100 g

Sahne
100 g

Ei
× 1

Vorbereitungszeit 20 Minuten

Kochzeit 30 Minuten

6 Portionen

- Karotten und Zucchini mit einem Sparschäler in 1 cm breite Streifen schneiden.
- Backofen auf 180 °C vorheizen. Teig in einer mit Backpapier ausgelegten Backform ausrollen.
- Gemüsestreifen und Schinken in Schneckenform nicht zu dicht auf den Teig legen, dabei beim Rand beginnen. Ei und Sahne verquirlen, mit Salz und Pfeffer würzen und die Tarte damit übergießen.
- 30 Minuten backen. Heiß servieren.

KÜRBIS-KÄSEKUCHEN

Vorbereitungszeit 20 Minuten

Kochzeit 50 Minuten
Ruhezeit 4 Stunden

6 Portionen

Geriebene Walnüsse
100 g

Mehl
100 g

Kokos-Margarine
100 g

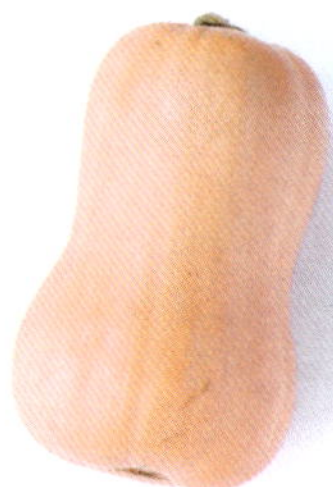

Butternuss-Kürbis
400 g

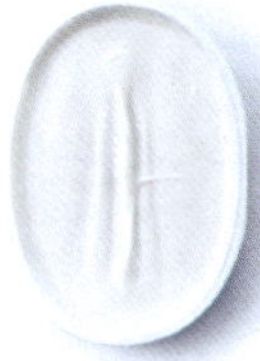

Doppelrahmkäse
200 g

Agar-Agar
4 g

- Backofen auf 200 °C vorheizen. Geriebene Walnüsse, Mehl und Margarine mit 2 Prisen Salz vermengen. Den Boden einer Backform damit auslegen und 25 Minuten backen.

- Kürbis schälen, in Stücke schneiden und 20 Minuten im Dampf garen.

- Doppelrahmkäse mit Agar-Agar aufschlagen, bei mittlerer Hitze zum Kochen bringen und 2 Minuten köcheln lassen. Mit dem Kürbis und 2 Prisen Pfeffer im Mixer pürieren.

- In die Backform gießen und 4 Stunden kalt stellen.

SONNE MIT JOHANNISBEERKONFITÜRE

Vorbereitungszeit 15 Minuten

Kochzeit 15 Minuten

6 Portionen

Mürbeteig
× 2 Packungen

Schwarze Johannis-beerkonfitüre
3 EL

Puderzucker
1 EL

Ei
× 1

- Backofen auf 180 °C vorheizen. Einen Teig auf einem mit Backpapier ausgelegten Blech auflegen und mit Konfitüre bestreichen. Mit dem zweiten Teig bedecken.
- Ein Glas in die Mitte setzen und mit einer Messerspitze vom Glas ausgehend Teig wie Sonnenstrahlen in 32 Teile schneiden.
- Mit in Wasser verquirltem Eigelb bestreichen und jeden Teil 4 x um sich selbst drehen und die Spitzen mit einer Schere in Fransen schneiden.
- 15 Minuten backen. Mit Puderzucker bestäubt kalt oder lauwarm servieren.

MILLEFEUILLE

Blätterteig
× 2 Packungen

Schokolade-Haselnuss-Aufstrich
250 g

Puderzucker
1 EL

Vorbereitungszeit 15 Minuten

Ruhezeit 5 Minuten
Kochzeit 15 Minuten

6 Portionen

- ○ Backofen auf 180 °C vorheizen. Einen Teig auf einem Blech auslegen und mit der Hälfte des Schokoladenaufstrichs bestreichen. Mit dem zweiten Teig bedecken, darauf den restlichen Aufstrich verteilen.
- ○ Ein Glas in die Mitte setzen, davon ausgehend mit der Messerspitze den Teig in 16 Teile schneiden. Diese nochmals dritteln. 5 Minuten im Tiefkühler ruhen lassen.
- ○ Teile einmal um sich selbst drehen und mit der Schnittfläche nach unten auf das Blech legen.
- ○ 15 Minuten backen. Auskühlen lassen und mit Puderzucker bestäubt servieren.

WEIHNACHTSBAUM MIT MARMELADE

Vorbereitungszeit 20 Minuten

Kochzeit 20 Minuten

6 Portionen

Blätterteig
× 2 Packungen

Orangenmarmelade
3 EL

Piment
1 TL

Puderzucker
1 EL

Dunkle Schokolade
50 g

- Backofen auf 180 °C vorheizen. Einen Teig auf einem mit Backpapier ausgelegten Blech ausbreiten.
- Teig mit Orangenmarmelade bestreichen und mit Gewürzen bestreuen.
- Mit dem zweiten Teig bedecken und eine Weihnachtsbaumform ausschneiden. Alle 2 cm Zweige einschneiden, dabei in der Mitte den Stamm belassen.
- 20 Minuten backen. Schokolade in der Mikrowelle mit 1 EL Wasser schmelzen lassen. Baum im Zick-Zackmuster damit dekorieren. Auskühlen lassen und mit Puderzucker bestäuben.

SCHOKO-HASELNUSS-SONNE

Vorbereitungszeit 10 Minuten

Kochzeit 20 Minuten

8 Portionen

Blätterteig
× 1 Packung

Dunkle Schokolade
50 g

Geriebene Haselnüsse
1 EL

Butter
20 g

Zucker
1 TL

- Backofen auf 180 °C vorheizen. Butter schmelzen lassen und ein Blatt Backpapier damit bestreichen, dieses mit Zucker bestreuen. Darauf den Teig ausbreiten.
- Schokolade in der Mikrowelle mit 1 TL Wasser schmelzen lassen, umrühren und auf dem Teig verstreichen. Mit geriebenen Haselnüsse bestreuen.
- Ein Glas in die Mitte setzen, davon ausgehend mit der Messerspitze Teig in 16 Teile schneiden. Diese wie ein Sandwich zusammenlegen und 2 x um sich selbst drehen.
- 20 Minuten backen. Lauwarm oder kalt servieren.

ORANGENKUCHEN MIT KEKSEN

Vorbereitungszeit 20 Minuten

Ruhezeit 2 Stunden
Kochzeit 25 Minuten

6 Portionen

Mürbeteig
× 1 Packung

Orangen
× 3

Eier
× 5

Butter
185 g

Zucker
75 g

Maisstärke
25 g

- Backofen auf 180 °C vorheizen. Teig in eine Backform mit 20 cm Durchmesser legen. Aus den Resten die Kekse ausstechen. 15 Minuten backen.
- Stärke, Zucker, 3 ganze Eier und 2 Eigelbe verquirlen.
- Orangen auspressen, von 2 Früchten die Schale in Zesten schneiden. 230 ml Saft mit den Zesten erhitzen. Vom Herd nehmen und die Eiermischung in den heißen Saft gießen. Wieder auf den Herd stellen und eindicken lassen. Butter einarbeiten. Masse auf den Teig gießen und kalt stellen.
- Mit den Keksen servieren.

APRIKOSEN-TARTE TATIN

Vorbereitungszeit 20 Minuten

Kochzeit 45 Minuten

6 Portionen

Mürbeteig
× 1 Packung

Aprikosen
750 g

Zucker
40 g

Pinienkerne
25 g

Rosmarin
× 1 Zweig

- Aprikosen halbieren und entkernen.
- 15 Minuten in einer Pfanne bei mittlerer Hitze mit der Hautseite nach unten mit dem Zucker und den Pinienkernen schmoren lassen. Umrühren, damit alle Aprikosen gut überzogen sind. Auskühlen lassen.
- Backofen auf 180 °C vorheizen. Früchte auf den Boden einer Backform mit 22 cm Durchmesser legen. Mit Rosmarinnadeln bestreuen.
- Mit dem Teig bedecken, dabei an den Rändern fest nach unten drücken. 30 Minuten backen. Noch heiß aus der Form stürzen und lauwarm oder kalt servieren.

HIMBEER-SCHNECKE

Vorbereitungszeit 15 Minuten

Kochzeit 40 Minuten

8 Portionen

Filoteig
× 16 Blätter

Butter
200 g

Himbeeren
350 g

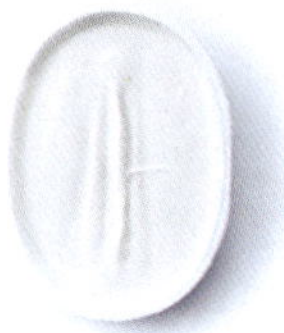

Frischkäse
350 g

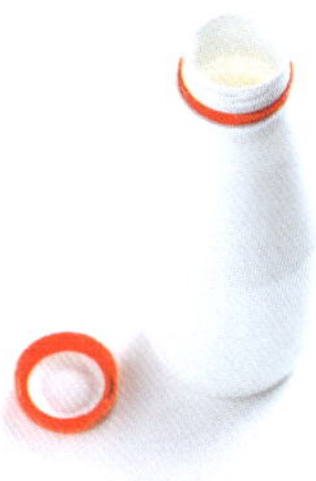

Sahne
100 g

Puderzucker
50 g

- Butter schmelzen lassen und damit eine Backform mit 21 cm Durchmesser bepinseln.
- Frischkäse, Sahne und die Hälfte des Zuckers verrühren.
- 4 Blätter Filoteig mit Butter bestreichen und übereinander legen, ein Viertel der Garnitur am Rand verstreichen, Himbeeren zugeben, zu einer Rolle formen und in die Form legen. Vorgang wiederholen, sodass eine Schnecke entsteht. Die Oberfläche mit Butter bestreichen und mit Puderzucker bestäuben.
- 40 Minuten backen. Mit Puderzucker bestäubt lauwarm servieren.

BANANEN-SCHNECKEN

Blätterteig
× 1 Packung

Bananen
× 2

Rum
2 EL

Gesalzene Butter
20 g

Zucker
1 EL

Vorbereitungszeit 10 Minuten

Kochzeit 40 Minuten

6 Portionen

- ○ Backofen auf 180 °C vorheizen. Butter schmelzen lassen.
- ○ Teig ausrollen, mit Butter bestreichen, mit Zucker bestreuen und in 3 cm breite Streifen schneiden.
- ○ Auf jeden Streifen Bananenscheiben überlappend auflegen und aufrollen. Pakete in eine mit Backpapier ausgelegte Backform mit 15 cm Durchmesser legen.
- ○ Mit Rum beträufeln und 40 Minuten backen. Lauwarm oder kalt servieren.

HONIG-MANDEL-SCHNECKE

Vorbereitungszeit 15 Minuten

Ruhezeit 5 Minuten
Kochzeit 20 Minuten

8 Portionen

Blätterteig
× 2 Packungen

Honig nach Wahl
2 EL

Crème fraîche
1 EL

Pinienkerne
20 g

Mandelblättchen
20 g

Fleur de Sel
1 TL

- Backofen auf 180 °C vorheizen. Teig auf einem mit Backpapier ausgelegten Blech ausbreiten.
- Mit Honig und Crème fraîche bestreichen und mit Pinienkernen und gehackten Mandeln bestreuen. Mit dem zweiten Teig bedecken.
- 5 Minuten in den Tiefkühler stellen. Im Abstand von 2 cm in Schneckenform einschneiden.
- Schnecke der ganzen Länge nach aufrollen, mit Fleur de Sel bestreuen und 20 Minuten backen. Lauwarm oder kalt servieren.

BIRNEN-TARTE

Vorbereitungszeit 10 Minuten

Kochzeit 40 Minuten

6 Portionen

Mürbeteig
× 1 Packung

Birnen
× 3

Karamellcreme
1 EL

Mandelblättchen
20 g

- Backofen auf 180 °C vorheizen. Birnen schälen und in große Würfel schneiden.
- Teig auf einem mit Backpapier ausgelegten Blech ausbreiten. Mit Mandelblättchen bestreuen, mit der Hälfte der Karamellcreme bestreichen und die Birnenstücke auflegen, dabei einen Rand von 2 cm frei lassen. Mit den restlichen Mandeln bestreuen.
- Teigränder nach innen klappen. 40 Minuten backen.
- Lauwarm mit der restlichen Karamellcreme beträufelt servieren.

CRUMBLE MIT GELBEN FRÜCHTEN

Mürbeteig
× 1 Packung

Mischung aus gelben Früchten, tiefgefroren
500 g

Kardamom
× 8 Samenkörner

Mehl
75 g

Butter
75 g

Zucker
75 g

Vorbereitungszeit 10 Minuten

Kochzeit 1 h 05

8 Portionen

- Backofen auf 180 °C vorheizen. Teig in eine mit Backpapier ausgelegte Backform mit 26 cm Durchmesser geben. Backpapier darauflegen, mit getrockneten Hülsenfrüchten beschweren und 20 Minuten backen.
- Butter, Zucker und Mehl mit den Fingerspitzen verarbeiten, sodass ein krümeliger Teig entsteht.
- Früchtemischung auf dem gebackenen Teigboden verteilen und mit zerstoßenem Kardamom bestreuen. Mit der krümeligen Teigmischung bedecken und 45 Minuten backen. Lauwarm servieren.

SCHOKOLADEKUCHEN

Eier
× 6

Dunkle Schokolade
250 g

Gesalzene Butter
100 g

Zucker
70 g

GeriebeneMandeln
140 g

Orangenblütenwasser
2 TL

Vorbereitungszeit 20 Minuten

Kochzeit 40 Minuten

6 Portionen

- Eine Kastenform von etwa 24 cm mit Butter ausstreichen. Backofen auf 170 °C vorheizen.
- Im Wasserbad Butter 150 g Schokolade schmelzen lassen. Eigelbe, Zucker und Orangenblütenwasser zugeben.
- Eiweiße zu Schnee schlagen und unter die Mischung ziehen. Restliche, gehackte Schokolade zugeben.
- In die Form gießen und 35–40 Minuten backen.

MARMORKUCHEN

Vorbereitungszeit 25 Minuten

Kochzeit 35 Minuten

6 Portionen

Dunkle Schokolade
150 g

Gesalzene Butter
250 g

Zucker
150 g

Mehl
280 g

Eier
× 4

Backpulver
1 TL, gehäuft

- Eine Kastenform mit Butter ausstreichen. Backofen auf 180 °C vorheizen.
- Butter und Zucker weiß-schaumig schlagen. Eier nach und nach einarbeiten, Mehl und Backpulver einsieben und unterrühren.
- Schokolade im Wasserbad schmelzen lassen. Teig halbieren und in eine Hälfte die Schokolade einarbeiten.
- Abwechselnd hellen und dunklen Teig in die Kastenform löffeln. Etwa 35 Minuten backen.

BANANEN-SCHOKO-KUCHEN

Vorbereitungszeit 15 Minuten

Kochzeit 45 Minuten

6 Portionen

Halbvollkornmehl
350 g

Gesalzene Butter
150 g

Brauner Zucker
150 g

Bananen, sehr reif
× 3

Eier
× 3

Dunkle Schokolade
150 g

- Eine Kastenform mit Butter ausstreichen. Backofen auf 170 °C vorheizen.
- Butter und Zucker vermengen. Zerdrückte Bananen und Eier zugeben.
- Mehl und gehackte Schokolade einarbeiten.
- In die Kastenform gießen und 35–45 Minuten backen.

KAROTTENKUCHEN

Karotten
400 g

Mehl mit integriertem Backpulver
300 g

Brauner Zucker
200 g

Sonnenblumenöl
100 ml

Eier
× 4

Lebkuchengewürz
2 TL

Vorbereitungszeit 25 Minuten

Kochzeit 50 Minuten

6 Portionen

- Backofen auf 180 °C vorheizen. Karotten schälen und reiben.
- Mehl mit Backpulver, braunem Zucker, 1 Prise Salz und Gewürzen vermengen. Öl und Karotten unterrühren. Eier nach und nach einarbeiten.
- Eine Kastenform mit Öl ausstreichen und bemehlen. Teig eingießen und 50 Minuten backen.
- Kuchen vor dem Stürzen auskühlen lassen, in Frischhaltefolie wickeln, damit er nicht austrocknet.

ROSEN-TARTE

Mürbeteig
× 1 Packung

Äpfel
× 3 große

Rosenkonfitüre
2 EL

Puderzucker
1 EL

Vorbereitungszeit 30 Minuten

Kochzeit 30 Minuten

6 Portionen

- Äpfel in feine Spalten schneiden und 30 Sekunden in der Mikrowelle weich werden lassen.
- Backofen auf 180 °C vorheizen. Teig in eine Backform mit 20 cm Durchmesser geben und den Boden mehrmals einstechen.
- Konfitüre auf dem Boden verteilen. Ein Band aus 4 Apfelspalten bilden und fest aufrollen, sodass eine Knospe entsteht. Auf den Teig setzen und rundherum weitere Spalten anordnen.
- 30 Minuten backen. Lauwarm oder kalt mit Puderzucker bestäubt servieren.

LIEBESTARTE MIT ROTEN BEEREN

Mürbeteig
× 2 Packungen

Rote Beeren-Mischung, tiefgefroren
250 g

Rharbarber, tiefgefroren
500 g

Zucker
100 g

Maisstärke
2 EL

Eigelb
× 1

Vorbereitungszeit 30 Minuten

Kochzeit 40 Minuten

8 Portionen

- Backofen auf 180 °C vorheizen. Beeren in einem Sieb bei Raumtemperatur auftauen lassen.
- Teig in eine mit Backpapier ausgelegte Backform mit 20 cm Durchmesser legen. Den zweiten Teig auf eine Arbeitsfläche legen und mit einem Keksausstecher die Herzen ausstechen.
- Beeren mit Zucker und Stärke vermengen und auf den Teigboden geben. Überlappend mit den ausgestochenen Herzen bedecken.
- Mit Eigelb bestreichen und 40 Minuten backen. Lauwarm oder kalt servieren.

TARTE MIT HEIDELBEEREN & CRÈME FRAÎCHE

Vorbereitungszeit 10 Minuten

Ruhezeit 15 Minuten
Kochzeit 25 Minuten

6 Portionen

Mürbeteig
× 1 Packung

Heidelbeeren, tiefgefroren
250 g

Crème fraîche
300 ml

Puderzucker
20 g

- Backofen auf 180 °C vorheizen. Teig in eine mit Backpapier ausgelegte Backform mit 24 cm Durchmesser legen und den Boden mehrmals einstechen. Überhängende Ränder entfernen und zu Bändern schneiden. Alles 15 Minuten in den Tiefkühler stellen.
- Tiefgefrorene Heidelbeeren mit Crème fraîche und Puderzucker vermengen.
- Mischung auf dem Teigboden verteilen. Mit den Teigbändern dekorieren.
- 25 Minuten backen. Lauwarm oder kalt servieren.

KOKOS-AVOCADO-TARTE

Vorbereitungszeit 15 Minuten

1Ruhezeit 5 Minuten

6 Portionen

Spekulatiuskekse
150 g

Kokosfett
90 g

Avocados
× 2

Kokosraspel
20 g

Limette
× 1

Ahornsirup
50 g

- Spekulatiuskekse zerkrümeln und mit 75 g geschmolzenem Kokosfett vermengen. Masse auf dem Boden und an den Rändern einer rechteckigen (34 x 10 cm), mit Backpapier ausgelegten Backform verteilen, dabei gut andrücken. 15 Minuten in den Tiefkühler stellen.
- Avocado mit Kokosraspel, Limettensaft, 15 g geschmolzenem Kokosfett und Ahornsirup im Mixer vermengen und auf den Boden der Tarte verteilen.
- Bis zum Servieren kalt stellen. Vor dem Servieren mit Kokosraspeln und geriebener Limettenschale bestreuen.

PFIRSICH-LAVENDEL-TARTE

Mürbeteig
× 1 Packung

Pfirsiche
× 6

Bio-Esslavendel
1 TL

Zucker
20 g

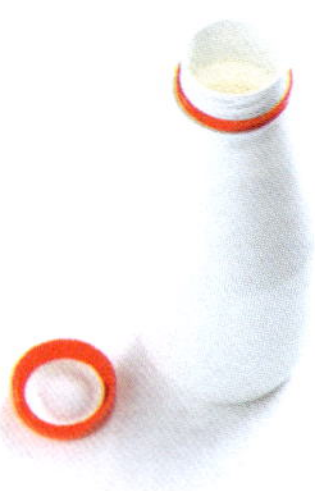

Sahne
150 g

Ei
× 1

Vorbereitungszeit 10 Minuten

Kochzeit 45 Minuten

8 Portionen

- Backofen auf 180 °C vorheizen. Teig in eine mit Backpapier ausgelegte Backform geben.
- Pfirsiche schälen, entkernen und in große Würfel schneiden. Auf den Teig legen, dabei einen Rand von etwa 2 cm frei lassen. Mit Lavendel bestreuen. Teigränder nach innen klappen.
- Zucker, Crème fraîche und Ei vermengen und über die Pfirsiche gießen.
- 45 Minuten backen. Lauwarm oder kalt servieren.

RHABARBER-TARTE TATIN

Blätterteig
× 1 Packung

Rhabarber
750 g

Zucker
50 g

Geriebene Mandeln
50 g

Vorbereitungszeit 20 Minuten

Kochzeit 1 Stunde

6 Portionen

- Backofen auf 180 °C vorheizen. Rhabarber waschen, Fäden ziehen und jede Stande halbieren. Mit Zucker bestreuen und in eine Backform mit 20 cm Durchmesser legen und für 30 Minuten in den Ofen schieben.
- Auskühlen lassen und Rhabarberstangen wie eine Schnecke am Boden der Form auflegen. Mit geriebenen Mandeln bestreuen.
- Mit dem Blätterteig bedecken, dabei die Ränder an den Seiten gut nach unten drücken.
- 30 Minuten backen. Noch heiß aus der Form stürzen und lauwarm oder kalt servieren.

PRADEL

LIMETTE-ANANAS

Ananas
× 1 mittlere

Butter
20 g

Brick-Teig
× 7 Blätter

Vanillezucker
× 1 Paket

Sahne
100 g

Limette
× 1

Vorbereitungszeit 15 Minuten

Kochzeit 25 Minuten

6 Portionen

- Ananas schälen und würfeln.
- 10 Minuten bei hoher Hitze mit Vanillezucker und Limettensaft- und -zesten kochen.
- Backofen auf 180 °C vorheizen. Brick-Teigblätter mit geschmolzener Butter bestreichen, in einer Backform mit 16 cm Durchmesser übereinander legen.
- Ananas mit der Kochflüssigkeit und der flüssigen Sahne auf den Brick-Teig gießen. 15 Minuten backen. Lauwarm oder kalt servieren.

APFEL-TARTE

Blätterteig, rechteckig
× 1

Äpfel
× 4

Butter
20 g

Vanillezucker,
× 2 Pakete

Puderzucker
1 EL

Vorbereitungszeit 20 Minuten

Kochzeit 35 Minuten

8 Portionen

- Butter schmelzen lassen, 1 Blatt Backpapier auf einem Blech damit bestreichen und mit Vanillezucker bestreuen. Teig darauf auslegen. Sehr dünne Apfelspalten darauf verteilen, mit Vanillezucker bestreuen und kalte Butterflocken darauf setzen.
- Mit 1 Blatt Backpapier bedecken und ein zweites Blech darauflegen.
- 30 Minuten backen, das zweite Blech entfernen und unter dem Grill zugedeckt weitere 5 Minuten fertig backen.
- Mit Puderzucker bestäuben, lauwarm oder kalt servieren.

TOFFEE-SCHOKO-TARTE

Vorbereitungszeit 20 Minuten

Ruhezeit 2 h 25
Kochzeit 15 Minuten

8 Portionen

Mürbeteig
× 1 Packung

Dunkle Kochschokolade
250 g

Sahne
250 g

Karamellcreme
150 g

Karamellbonbons
× 4

Fleur de Sel
1 Prise

- Backofen auf 180 °C vorheizen. Teig in eine mit Backpapier ausgelegte Backform mit 20 cm Durchmesser geben und den Boden mehrmals einstechen. Karamellcreme darauf verteilen und 15 Minuten in den Gefrierschrank stellen. Danach 15 Minuten backen.
- Sahne zum Kochen bringen, Topf vom Herd nehmen und gehackte Schokolade zugeben. 10 Minuten ruhen lassen und umrühren.
- Auf den Teig gießen und 2 Stunden kalt stellen.
- Mit Fleur de Sel und Karamellbonbonsplittern bestreuen und servieren.

Werther's
Original

ZITRONEN-TARTE MIT MERINGUE

Vorbereitungszeit 15 Minuten

Ruhezeit 15 Minuten
Kochzeit 15 Minuten

6 Portionen

Spekulatiuskekse
150 g

Butter
75 g

Kondensmilch, gesüßt
400 g

Zitronen
× 3

Eigelbe
× 3

Mini-Meringues
× 6

- Zerkrümelte Spekulatiuskekse mit geschmolzener Butter vermengen und den Boden einer mit Backpapier ausgelegten Backform mit 16 cm Durchmesser damit belegen. Dabei fest andrücken. 15 Minuten in den Gefrierschrank stellen.
- Backofen auf 180 °C vorheizen. Von 2 Zitronen Zesten reißen und 3 Zitronen auspressen. 150 ml Zitronensaft und die Hälfte der Zesten mit der Kondensmilch und den Eigelben verrühren. Masse auf den Teigboden gießen.
- 15 Minuten backen, auskühlen lassen und kalt stellen. Mit Meringues und restlichen Zesten servieren.

ZWETSCHGEN-MANDEL-TARTE

Vorbereitungszeit 10 Minuten

Kochzeit 35 Minuten

6 Portionen

Mürbeteig
× 1 Packung

Zwetschgen, tiefgefroren
750 g

Zucker
45 g

Geriebene Mandeln
30 g

- Backofen auf 180 °C vorheizen. Teig in eine mit Backpapier ausgelegte Backform mit 24 cm Durchmesser legen, den Boden mehrmals einstechen und mit geriebenen Mandeln bestreuen.
- Mit halbierten, tiefgefrorenen Zwetschgen belegen und mit 30 g Zucker bestreuen.
- 35 Minuten backen. Mit dem restlichen Zucker bestreuen und lauwarm oder kalt servieren.

HIMBEER-PANNA-COTTA-TARTE

Vorbereitungszeit 15 Minuten

Ruhezeit 2 Stunden

6 Portionen

Spekulatiuskekse
150 g

Butter
75 g

Sahne
300 g

Vanillezucker
× 1 Paket

Gelatine
× 3 Blätter

Frische Himbeeren
200 g

- Zerkrümelte Spekulatius mit der kalten Butter vermengen. Den Boden einer mit Backpapier ausgelegten Springform mit 16 cm Durchmesser damit belegen. Fest andrücken und an den Seiten hochziehen. 15 Minuten in den Gefrierschrank stellen.
- Gelatine in Wasser einweichen. Sahne und Zucker zum Kochen bringen. Topf vom Herd nehmen und die abgetropfte Gelatine einrühren.
- Mischung mit der Hälfte der Himbeeren auf dem Teig verteilen.
- 2 Stunden kalt stellen und mit den restlichen Himbeeren servieren.

ERDBEER-MASCARPONE-TARTE

Vorbereitungszeit 15 Minuten

Ruhezeit 10 Minuten
Kochzeit 15 Minuten

6 Portionen

Mürbeteig
× 1 Packung

Erdbeeren
500 g

Mascarpone
250 g

Sahne
150 g

Puderzucker
1 EL

Vanillezucker
× 1 Paket

- ○ Backofen auf 180 °C vorheizen. Teig in eine mit Backpapier ausgelegte Backform mit 24 cm Durchmesser legen.
- ○ 10 Minuten in den Gefrierschrank stellen. Teig mit Backpapier bedecken und mit getrockneten Hülsenfrüchten beschweren. 15 Minuten backen. Auskühlen lassen.
- ○ Mascarpone mit geschlagener Sahne und Vanillezucker verrühren.
- ○ Masse auf dem Teig verteilen und mit in Scheiben geschnittenen Erdbeeren garnieren. Bis zum Servieren kalt stellen, mit Puderzucker bestäuben und servieren.

KARAMELL-SCHOKO-TARTE

Vorbereitungszeit 25 Minuten

Kochzeit 45 Minuten

4–6 Portionen

Dunkle Schokolade
200 g

Mürbeteig
× 1 Packung

Zucker
100 g

Sahne
250 g

Gesalzene Butter
10 g

Vanille
× 1 Schote, aufgeschlitzt

- Backofen auf 170 °C vorheizen. Eine Tarteform mit dem Teig auslegen und 25–30 Minuten blind backen.
- Zucker mit etwas Wasser in einem Topf erhitzen und zu Karamell kochen. Vom Herd nehmen und Butter und 75 g Sahne zugeben.
- Restliche Sahne mit der Vanilleschote und den herausgeschabten Samen erwärmen. Über die gehackte Schokolade gießen.
- Teigboden mit Karamell bedecken. Mit der Schokolade-Ganache übergießen und 45 Minuten stocken lassen.

BIRNEN-SCHOKO-TARTE

Vorbereitungszeit 25 Minuten

Kochzeit 30 Minuten

4–6 Portionen

Dunkle Schokolade
100 g

Mürbeteig
× 1 Packung

Birnen in Sirup
× 1 Dose

Sahne
150 g

Ei
× 1

Zucker
1 EL

- Backofen auf 180 °C vorheizen. Eine Tarteform mit dem Teig auslegen.
- Schokolade hacken und auf dem Teigboden verteilen. Birnen in dünne Scheiben schneiden und auf der Schokolade verteilen.
- Ei, Sahne und Zucker vermengen und über die Birnen gießen.
- 30 Minuten backen.

Liste der Rezepte

Titel der Originalausgabe: *Les petits Marabout – Quiches et tartes*

www.librero-ibp.com

Rezepte aus: *artes Super facile*, *J'apporte quoi Super facile* und *Aperitif veggie Super facile* von Sabrina Fauda-Rôle und *Choco Super facile* von Keda Black.

Fotos der Rezepte: Richard Boutin, Valéry Guédès und Rebecca Genet.
Fotos der Zutaten: © Akiko Ida, Charlotte Lascève, Rebecca Genet, Richard Boutin, Valéry Guedès und Pierre Javelle.
Coverbilder vorne: © iStockphoto.com

Lektorat: Natacha Kotchetkova
Layout: Frédéric Voisin

Übersetzung aus dem Französischen:
Anita Weinberger-Schwendenwein, Wien
Redaktion und Satz der deutschen Ausgabe:
Print Company Verlagsges.m.b.H., Wien

Printed in China

ISBN: 978-94-6359-755-5